Un bateau

Texte de Betty Waterton
Illustré par Joanne Fitzgerald

Traduit par Évelyne Lallemand

Pour Carla, Josh et Bonnie
B.W.

Pour Laura
J.F.

HACHETTE
Jeunesse

L'édition originale de cet ouvrage a été publiée en langue anglaise
chez Groundwood Book, Toronto, sous le titre :

PLAIN NOODLES

Un jour de beau temps, un jour où pourtant ce n'était ni l'été ni le printemps, le Capitaine Loiseau descendit les marches de son phare en sifflotant. Il faillit trébucher sur sa femme qui, l'air malheureux, était assise sur l'escalier et poussait de petits gémissements.

« Qu'est-ce que tu as, ma Sophie ? demanda le Capitaine. Tu as mal à l'estomac ?

— Non, soupira-t-elle. Je me sens seulette sans mes bébés. Ils me manquent tellement, mes bambinos !

— Ce ne sont plus des bambinos, voyons ! s'écria le Capitaine. Ce sont les célèbres Loiseaux Volants du cirque ! Allez, viens pêcher avec moi. »

Mais sa femme fit non de la tête.

« Si je trouvais une jolie étoile de mer violette avec des bras roses, ou une étoile rose avec des bras violets, je pourrais la peindre », soupira-t-elle ensuite.

Le Capitaine mit ses bottes jaunes et prit la

mer sur sa barque. Sophie mit son chapeau de peintre, puis descendit sur la plage.

Elle y découvrit, sur un rocher, une étoile de mer qui lui sembla intéressante. Alors elle commença à la peindre. Elle achevait un bras quand elle entendit de drôles de bruits.

« Ce n'est ni le cri d'un bigorneau, ni celui d'un têtard, ni celui d'un pigeon, pensa-t-elle. Ce n'est pas non plus celui d'une mouette, d'un phoque ou d'une otarie... »

Elle se pencha par-dessus les rochers, et eut la surprise de sa vie.

Là, doucement ballotté par les vagues, s'approchait un petit bateau rempli de bébés.

« C'est un miracle ! » s'écria Sophie.

Elle s'aventura dans les vagues avec ses chaussures et tout le reste pour tirer le canot sur la plage.

Une petite fille aux cheveux roux sauta sur le sable.

« Tout le monde à terre ! » ordonna-t-elle. Puis elle regarda Sophie de ses grands yeux verts comme la mer et lui dit : « Je m'appelle Rosine et j'ai trois ans. Vous n'auriez pas des petits déjeuners pour nous ?

— Non ! Par contre, j'ai du minestrone, des raviolis, des cannellonis ou même de simples nouilles, répondit madame Loiseau en montrant le chemin du phare.

— D'accord pour de simples nouilles ! » dit Rosine.

Une fois dans la cuisine, tout le monde mangea. Puis tout le monde but du lait dans les tasses fleuries de madame Loiseau.

« Il faut que j'aille sur mon pot ! réclama Rosine.

— Oh, mon Dieu ! s'exclama madame Loiseau. J'avais oublié ces choses-là ! »

Elle désigna du doigt les toilettes à Rosine, puis fouilla dans une commode. Elle y trouva de vieilles couches en tissu très douces.

« Je savais bien qu'elles me reserviraient un jour », se réjouit-elle.

Tout en changeant les bébés, elle leur chanta une chanson pour qu'ils cessent de gigoter. Quand les épingles de nourrice manquèrent, elle prit du sparadrap. Quand le sparadrap manqua, elle prit du fil et une aiguille.

Ensuite, les bébés allèrent jouer de leur côté.

« On est bien ici, on ne s'ennuie pas, dit Rosine qui, tête en bas, agitait ses pieds en l'air.

— D'où viens-tu ? lui demanda Sophie.

— D'un pique-nique. Nos mamans faisaient la sieste, mais nous, nous n'avions pas sommeil. J'ai trouvé un bateau sur la plage et nous sommes allés faire un tour en mer. »

BOUOUOU !... BOUOUOU !... Un terrible mugissement retentit. Rosine tomba du canapé.

« C'est un dinosaure ? s'inquiéta-t-elle.

— Non, c'est la corne de brume ! expliqua Sophie. En principe, elle ne se met pas en marche quand le soleil brille ! »

Et Sophie grimpa l'escalier en colimaçon qui conduisait en haut du phare.

Là-haut, la salle de la lanterne était remplie de bébés. Ils gambadaient partout. Ils appuyaient sur des boutons, ils en tournaient d'autres. Les lumières clignotaient, la radio grésillait et la corne de brume mugissait.

Sophie bondit de-ci, de-là, prit des bébés sous son bras, essaya de ramener l'ordre. Soudain, malgré le vacarme, elle entendit un drôle de bruit en bas du phare.

Elle poussa les bébés devant elle, entra en coup de vent dans la cuisine.

Rosine était debout sur une chaise devant l'évier.

« Je fais la vaisselle ! » annonça-t-elle.

Armée d'un balai, Sophie ramassa les tasses cassées, puis elle lava le carrelage.

The Flying Figgs

Les bébés finirent par être fatigués. Sophie les transporta deux par deux dans la chambre, les étendit côte à côte sur le lit, les enveloppa dans une grande et douce couverture bleue.

Elle s'assit sur son fauteuil à bascule qui grinçait et commença à chanter :

« Petite étoile des mers,
étoile extraordinaire... »

Dehors, le soleil brillait et la corne de brume mugissait. BOUOUOU!... BOUOUOU!...

Sur la mer, le Capitaine Loiseau ramait de toutes ses forces vers le phare. Il avait entendu la corne de brume, il était inquiet.

Il arriva sur l'île, courut vers le phare, traversa la cuisine, s'élança dans l'escalier en colimaçon, atteignit la lanterne. Il appuya sur des boutons, en tourna d'autres et, enfin, les lumières cessèrent de clignoter, la radio cessa de grésiller et la corne de brume de mugir.

Il entendit alors un autre bruit. Ce n'était que sa femme qui chantait. Il la découvrit dans la chambre et vit en même temps, sur le lit, dormant à poings fermés, tous les bébés.

« Essaie de ne pas les réveiller, chanta Sophie, tu en serais désolé.

— Je suis déjà désolé ! répondit le Capitaine Loiseau. Car quelqu'un prépare des nouilles dans la cuisine...

— Mais c'est Rosine ! s'écria Sophie. Tu sais, elle rend beaucoup de services, mais il vaudrait quand même mieux que j'aille voir... »

Dès que Sophie se leva, le fauteuil à bascule cessa de grincer, les bébés se réveillèrent et se mirent à pleurer.

C'est alors que Rosine entra dans la chambre. Elle avait les cheveux couverts de nouilles. Elle regarda les bébés en larmes et déclara :

« Ils sont sûrement mouillés.

— Mais je n'ai plus de couches ! s'écria Sophie en tentant de faire taire les bébés.

— Ça ne fait rien, répondit Rosine. Je crois que nos mamans arrivent. »

Le Capitaine Loiseau et Sophie tendirent l'oreille. Il leur sembla entendre du remue-

ménage à l'entrée du phare, puis, tout à coup, les mamans pénétrèrent dans la chambre, poussèrent des cris de bonheur et récupérèrent leurs bébés.

Quand elles s'en allèrent, le Capitaine et Sophie leur adressèrent de grands signes de la main depuis la porte du phare.

« J'espère que tu ne vas pas t'ennuyer de tous ces bambinos, dit le Capitaine à Sophie.

— Je n'en aurai pas le temps, répliqua-t-elle. Car ils viendront pique-niquer ici tous les jours de l'été prochain ! »

Le Capitaine se frotta la panse.

« J'ai faim ! Qu'y a-t-il à souper ?

— Du minestrone, des raviolis, des cannellonis et de simples nouilles.

— J'en salive d'envie ! s'exclama le Capitaine.

— Peux-tu te servir tout seul, mon chéri ? demanda Sophie. Il faut absolument que je finisse de peindre mon étoile de mer avant la marée haute ! »

Sur ces mots, Sophie Loiseau
mit son chapeau de peintre sur sa tête,
puis descendit sur la plage.

Composition réalisée par C.M.L., Montrouge

Achevé d'imprimer par CLERC S.A.
18200 Saint-Amand-Montrond - N° 4755 - Février 1992
ISBN 2.01.018272.3 - Dépôt légal éditeur n° 6196-01/92

32/0763/6